잔꽃풀도 흔들리고

잔꽃풀도 흔들리고

정관웅 시집

문학들

시인의 말

산과 들
그곳에서 이 꽃을 바라보는
또 다른 눈

기억의 손끝에 눈길을 두고
당신이 한 말이
미칠 듯 그리워질 때가 있다

가을에는, 오늘처럼 곱고 투명한 가을에는
우리가 살아 있는 동안에 꼭 오고야 만다고
당신을 사랑하지 않았다면 이렇게
쓸 수 없었을 것이라고
스친 자리가 그립다
바라본 그 자리가 그립다

당신은 날개를 주었다
채색된 날개를 주었다
이제
기억을 담을 시집
나의 마음의 탄생지

2014년 12월
정관웅

차례

제2부

제3부

제4부

제1부

이 봄날, 빛나는 너의 초록빛 일기/53×45㎝

별빛을 줍는 시간의 숲

모진
바람이 가고
매화꽃
피는 소리

누가
한 알 한 알의 눈물로
제 속살을
도려낸 울음소리

밤하늘이
흩어진 저 푸른
별빛을 줍는
시간의 숲

응! 맞다 맞아

이럴 때
점심시간이 되어
직장 동료가 곰탕을 주문할 때
나도 주세요 라고 할 때

이럴 때
강진 장날이 되어 봄나물을 사는데
지나가는 행인 이름이 김명숙
하필 그럴 때

이럴 때
2013 국제빙상경기연맹(ISU)
세계피겨선수권대회 해설자가
피겨여왕 김연아 2년 만에 나왔지만
역시 여왕이지요 할 때

이럴 때
요양원에서 남이가

유리창 밖의 개나리꽃에
지난 일을 촘촘히 써 내려갈 때

눈에 찍힌 작은 숨들의 발자국
그것은

자작나무

자작나무가 시문학파기념관에 서 있다

영랑의 시혼으로, 나의 가슴에도
자라고 있다

무리져 기대고 서 있다

나의 생에서 가장 아름다운 것을
피우지 못한
고독의 삶을
자작나무가 보고 있다

너는 나를 보고
나는 너를 본다

천정을 향해 바라보는 자작나무
잎사귀 하나 없어도
주름으로 채워서 쓴 고독이 있다

나는 자작나무에 기대어 서 있다

주름

아침을 받는 시간은 생각의 시간이다
빗방울이 옹기종기 모인다
옹기에 그려진 동그란 파문
밀려오듯 모이는 주름이 된다

깔깔 웃는 아이를 보고
아내도 웃었다
아내의 눈가에
늘어나고 구부러진 주름이 왔다
삶이 고달프고 슬퍼서
깊숙이 쌓여 그려진 주름

톡톡 떨어지며 번지는 물의 주름처럼
대봉이 익어서 생긴 홍시 주름이나
늙으신 어머니의 그 많은 주름이나
마음이 생각을 일으켜 만든 주름

돌아온다는 당신과 떠난다는 당신

사이의 좁힘과 늘림
모두 수용하는 고통과 슬픔이 만든 층

수화手話

햇살 잘 익은 창가에서
서슴없이 꽃을 피우는 소리

손가락 접어서 펴고
두 손이 바쁘게 춤을 춘다

내가 살고 있는 나라에서
아무것도 달라질 수 없는
영혼에 묻은 작은 얼룩일 뿐

손은 어둠 속에서 뻗어 주는 희망
내게 빛과 생명이 주어지는 사랑
이 봄날
말이 꽃으로 피었다

골 깊은 저녁 연못

산속에서 살았다
가을을 지나온 마른 잎 스치는 숲길 지나
골짜기와 골짜기 사이에 연못이란 이름으로 숨어 있다
누가 볼 수 없을지도 모른 곳에서
조용히 출렁이고 있다
누가 흘러가라고 소리치는 이도 없고
스스로 흘러가는 것도 아니다
날이 저물어 더욱 적막하다
그 짐승 같은 시간들을 밀지도 잡지도 않는다
어디에서 이사를 왔는지 산감나무 가지에
빨간 홍시, 물방울만 맺혀 있다
연못 속에서 종종 텀벙거리는 소리만 난다
물고기가 길을 찾아 집으로 가는 것인지도 모른다

나를 내어 주고도 탓하지 않는다
누가 보아주지 않아도 슬퍼하지 않는다
골 깊은 저녁 연못은 조용히 출렁인다
어두워지지 않는 그런 희망이 있다고

밥상을 차리는 남자

아침 밥상을 차리다
대문 소리를 듣습니다

아내가 들어오는 소리로
잘못 들은 모양입니다

어쩌면 아직 혼자인 것이
다행인 줄 모르겠습니다
속이 허할 대로 허한 사내에게
고독이라는 밥으로 배를 채우는 것은
맑은 물 맨 줄 없어도 만년 우는
거문고 같은 것
문득 마음이 운다는 것을 생각해 보았습니다
감추어 두었을 설움이나 슬픔 같은 것
사내의 입이 앞마당 감나무 가지에 걸립니다

이 아침 같이할 그녀가 있으면 좋겠습니다
언제나 따뜻한 그릇에 담긴 윤기 난 고슬고슬한 밥

사랑을 태워서 채우는 밥상

마음이 밥솥 여는 소리를 냅니다

능소화

떠나간 사람

마지막에 가서는 기어이

그리움이 깊다

돌담 올라선 여인

매미 소리에 가슴 설레고

담 밑 벗어 놓은 신발에

발자국 소리 채워진다

밤이 오는 시간은

두 볼이 붉다

백련사 동백

붉게 오는 정열은
저런 것인가
목숨 걸어서 보내는
너
꽃 진 자리마다
토해 내던 슬픈 마음으로
입술을 받던 나

겨울 편지

산길 입구에 매화가 서 있다
흰 눈은 그를 감싸고
지나가는 발자국이 외롭다

물빛 깊은 바닥에서
보고 싶은 마음과 기다리는 마음을
이어 주는 눈빛
그것은 사무치는 아픔이다

기다림은 가슴의 그림자
머지않아 긴 현으로
그리움을 향해 되울려 줄
하프 소리

연분홍 피가 묻어 나온
사랑은
바라보아도 물리지 않는
더디게 오는 겨울 편지

등

거울에 비친 등은 허무하다. 몇 개 남지 않는 솜털만 보인다. 좁아진 어깨 사이로 척추만 우뚝 서 있다. 창문 틈으로 달려오는 바람이 등줄기를 타고 달린다. 등이 시리다, 여태껏 그러했듯이 앞의 눈치만 살피고 등을 한 번도 바라보지는 못했다. 세월이 흘러서 많이 보았음에도 그리 사랑을 준 기억이 없다. 소소한 일에서부터 무거운 짐을 나르는 일을 혼자 처리하면서 굽신거리다 척추가 빠져나갈 것 같은 굴욕도 겪었다. 그나마 척추 기립근의 사랑이 남아 있어서인지 통증 없이 흔들리지 않고 버티는 중심이 생겼다. 앞모습은 멋있게 치장하여 자기를 포장하지만 그것은 결핍된 자기를 감추는 일이다. 등은 언제나 잘난 척도 아픈 모습도 하지 않는다. 이제껏 조바심내며 바람에 출렁거리거나 자기를 배신하지도 않는다.

뒤돌아서 보아도 또 등이다.

그 산사에서

선암사에 갔을 때
그대 손을 잡고
마음을 꽃피웠다
그때 왜 석불이 되지 못했을까

석탑 앞에서 사진을 찍었다
다정한 모습은
행복이었다
그 모습 그대로 왜
석탑 속으로 들어가지 못했는지

풍경 소리 들리는 찻집에서
비가 내리는 창밖을 보았다
그리움의 키가 자란
그녀의 마음이 나의 손을 잡았다
따뜻한 손에 이끌려서
왜 비가 되지 못했는지

그 산사에서
잠들어 별이 되지 못했는지

뒤에야

고요히 앉아 본 뒤에야
나는 누군가가 보인다

평상시의 마음이
충동의 놀림에 벋어나지 못했다는 것을
가만히 앉아 본 뒤에야
어제의 언어가 거칠었으며
평소 마음 씀씀이가 각박했다는 것을
욕심을 줄일 줄 모르고
타인 앞에서는 위선자였음을, 고독한
물음이 비웃고 있다

마음을 조용히 바라본 뒤에야 알았다
삶은 하나의 무늬와 같은 것
행복과 고통은 다른 사건들과
만나 섞이고
하나의 무늬로 완성되어
더 밝은 한 줄기의 빛이 된다는 것을

바람 부는 새벽이 가고 난
뒤에야

줄자

줄자는 눈을 지그시 감고
오른쪽에서 왼쪽으로 거리를 재고 있다
이쪽 편도 아니고 그렇다고
저쪽 편이 될 수 있는 것은 아니다
자기를 감아서 자기 몸을 재는
자신까지도 확인해야 하는 계측자

덧칠해 놓은 굳은살
수도자의 마음
가만히 잡아당겨 본다

간절히 바라는 나무

눈 자락이 오는 밤이다. 앙상한 느릅나무가 무성한 전나무와 얼굴과 몸을 맞대고 서로의 체온을 감싸고 있다. 강진 보은산에서 살고 있는 침엽수와 활엽수는 서로가 서로를 껴안고 흔들며 바라보아 주는 한 가족이다. 높게 밝은 곳으로 올라가 서로를 위한 숲이 되고, 땅속을 향해 그 뿌리를 깊게 뻗어 가는 흔들림 없는 사랑을 만든다. 천천히 그러나 포기하지 않고 언제나 함께하는 사랑이다. 따뜻한 눈이 내리는 것은 간절히 바라는 나무의 일이다.

능수바람이 남기고

버드나무 아래 백마 한 마리 서 있다
흰 말은 털을
흔들며 바람을 맞고 있다
바람의 흔들림은 오늘의 삶이다
나는 그림 속의 그를 보았다
나무에 묶인 것은 말이 아니라
백마에 잡힌 능수버들의 세월이라는 것을
바람이 남기고 간 초록빛 그늘 아래서
그는 아스라이 지는 세월을 응시한다
그동안 걸었던 길 위의 흔적이 은빛으로 왔다
말 발소리, 말 울음소리
그것은 능수바람이 남기고 간
백마를 달래는 소리다
물길 가득한 강에서 발길 멈추고
잠시 잠기고 싶다
윤두서*의 유하백마도柳下白馬圖가 나를 본다
나는 세상의 일을 잊고 서 있다
노을이 아름답게 풀리는 어스름

버들잎이 마음의 파장을 흔들고 있다

* 윤두서(尹斗緖, 1618~1715) : 조선 후기의 대표적인 문인화가. 윤두서의 대표작은 물론 한국회화사에서 가장 빼어난 초상화로 지목되는 「자화상」을 비롯하여 「유하백마도柳下白馬圖」·「나물캐는 여인」·「짚신삼기」·「경답목우도耕畓牧牛圖」·「송하관폭도松下觀瀑圖」 등이 있다. 그의 유작들을 모은 화첩은 윤두서의 다양한 회화세계와 그림 솜씨를 보여준다.

마음

마음의 글을 쓰기 위해
연필을 깎았다
날카롭게 깎지는 말아야지
깎다 보니 끝이 너무 뾰쪽하다
이대로 쓰다가는
그만 부러질 것이 틀림없다
세상 이치를 알면서도
연필심을 이렇게 깎다니
본디 깎는 마음은 어디로 갔을까
한숨을 쉬고
마음을 잡는다.
시선을 창밖으로 돌렸다
얼었던 물이 풀려 흐르고
세상은 포근한 얼굴이다, 뭉툭한 연필심으로
마음의 글을 다시 적는다.
글을 쓰는 사람도
글을 읽는 사람도
뭉툭한 연필이 된다

보슬비

비는 바람 따라 왔다
사내는 비를 등지고
밭이랑에 거름을 뿌린다
아직 식지 않는 보슬비를
맞는다는 것은
출렁이는 기억 들판을
사랑하기 때문이다

마음이 바쁜 발걸음은
품은 씨앗을 잉태하고
사내의 거친 손은
끊임없이 이는 생명의 끈이 되었다

보슬비는 사내의 마음으로 왔다
오지 않을 것 같은 오래된
탯줄의 기억들로 청춘을 태우며
땅 위로 밀어 올리는
씨앗으로 왔다

꽃 피는 너에게

사랑의 밑거름이 속삭였다

무성한 나무로 밑에는
가장 잘 썩은 시체가 있다고

가장 큰 사랑의 마음에는
가장 깊은 슬픔의 마음이 있다고

향기를 자랑하지 않는 매화에는
피를 토하는 그리움이 있다고

봄나무
꽃 피는 너에게

집

저 바깥 황혼이 울어 대는 소리
짐승들이 길을 지우는 소리

어딘가로 향하는 기차
수십 마리의 기러기

독이 어디로 팔려 나가는지
시계가 밤 열한 시를 가리킨다

먼 길을 떠나 몸 누일 곳을 찾아보는
뼈가 아프도록 차가운 세월

따뜻한 피를 채워 넣는

제2부

노을이 손짓하는 흔적/53×45㎝

그 길에서

시간은 언제나 곡선이다
공간 속에서 그렇게 간다

쉽지 않는 그 길에서
잠시라도 움직이지 않으면
생명을 잃고 마는 별
별은
저 멀리 앞서 가는 바람이다

흐르는 물은 더욱 흔들린다
펄럭이는 노을 속에서
기다림만 별처럼 춤을 춘다

완도항 주도珠島*

밀물과 썰물은 흔들린다
애가 닳아도 어쩔 수가 없다
햇살도 바람도 막을 수가 없다
놓지 못한 질긴 인연의 끈 때문에
늘 그렇게 떠나지 못하는가,
세상의 어리석은 사람들 때문에
지 맘대로 떠날 수가 없는 것인가
완도항의 작은 섬 주도

몸속에 마음이 살아서
아이의 눈빛에서 노인의 마음까지
지친 사람의 가슴에서 여행자까지
기분 좋은 구속으로 힐링을 한다
눈길로 키워 낸 그리움은 구슬로
137의 푸른 숲으로, 청춘으로
완도항을 빛내는 화룡점정畵龍點睛
오늘도 너는 온 세상을 다 품고

* 주도珠島 : 완도 주도 상록수림莞島珠島常綠樹林 전라남도 완도군 완도읍 군내리 소재, 완도읍 앞바다에서 300m 정도 떨어진 곳에 주도가 있다. 면적 1만 7190㎡의 짙푸른 녹음을 자랑하고 있다. 마치 그 둥근 모양이 구슬 같다 하여 주도라 이름 붙여진 이 섬은 137종의 상록수가 자라고 있는 식물의 보고로, 천연기념물 제28호로 지정돼 있다. 조선시대에 완도 일대는 봉산封山으로 지정되어 벌목이 금지되었다. 주도는 수종의 상록활엽으로 덮여 있고 원시림 상태가 잘 보존되어 있어 학술적 가치가 크다.

창포 이야기

연못과 수로, 습지에서
향기를 낸다
땅속줄기는 많은 마디를 가다듬어
창 모양의 잎이 된다
시계 바늘이 원을 그리는 동안
중앙맥이 뚜렷하게 윤택을 내며
이삭 꽃차례를 피운다

뻐꾸기가 울음을 울던 날
노랑꽃 창포에 미쳐서, 나는
몸살을 몸에 달고 살았다
아홉 살 때 옆집에서 기르던 이 꽃

아저씨는 내년에
뿌리를 한 포기 준다고 했다
어느 날 학교에서 돌아와 보니
이사를 갔다 옹기그릇에 담아 키우던
그 꽃까지 영영 떠나고 말았다

마당에 흰꽃창포, 붓꽃, 각씨붓꽃
노랑꽃창포는 없었다 소망이 왔다
양재꽃시장에 부탁하여 심었다
어느 날 그는 도망을 갔다

햇살 아래 모여든 얼굴이 가득하다

새벽

찬 서리 내린 새벽
이곳저곳을 기웃거리다 도망친
떠돌이 개 한 마리
하늘과 땅이 마주 보고 있는 들녘 끝을 바라본다
참을 수 없어 더 쓸쓸한지도 모른다
자신의 마음으로 가족을 저리 밀어 버린 것인지도
모르는 저 개
그동안 제 몸을 향해 깊숙이 꽂은 긴 칼들
어느 겨울밤처럼 생각한
마음의 고백
고향의 나의 어머니

나무에 그렇게 적어 둔 글1

봄에서 초여름까지, 늦여름부터 초가을에 걸쳐 만들어지는 춘재와 추재가 하나가 되어 삶의 흔적을 나이테로 만든다. 삶의 연륜을 적바림한 것이다. 하나가 아닌 둘이 좁은 공간에서 얼굴과 몸을 맞대고 서로의 마음을 나눈다. 서로를 껴안고 흔들려서 가는 삶의 자국을 수평선에 새롭게 그려 낸다. 삶의 가치는 서로가 경청하며 만들어 가는 것이다. 어느 날 사람들은 나의 큰 덩치를 보고 무작정 톱으로 잘라서 두 동강을 낸다. 세상사 이럴 수가 있단 말인가, 내 어린 시절 꿈은 사라져 버렸다. 창조해 낸 나의 생명선도 이제는 없다. 얼마나 아픈지 물음 하나 없다. 내 인생에서 겪은 나이테만을 잠시 바라볼 뿐이다. 나의 삶의 가치는 어디에서 찾을 수 있을까, 세상일이 다 이러하는가! 날이 흐리고 풀뿌리가 눕는다.

붉은 사랑

바람의 긴 속삭임에도
홀로 나서지 않는
당신은
물 흐르는 소리를 따라
이 산 저 산을 돌아다니며
바라보지 않는 것이 없다
눈에는 보이지 않아도
가까이 다가서서
시간 속으로 흘러간
아픈 상처를 흔들어
둘레를 깨우게 한다
속마음 어찌하랴
사랑의 눈짓으로 가슴을 열고
날 세워 태웠던
푸르던 날
나는 붉은 물이 든 잎사귀가 되었다
뜨거운 마음으로 사랑을 해야지
그대 오는 길목에서

가슴 두드려 붉게 물든
아프고 질긴
어머니의 여윈 가슴이 된다

강물의 길

어둠이 내려도 하얀 빛을 내뿜고 있다
먼 곳을 바라보며 꿈을 키우지만
목적을 추구하거나 앞서 다투지도 않는다
물이라면 본디 투명하고 맑아야 하는 것이라고
당신은 하나의 자존심도 내세우지 않는다
허나 자기 이익을 버리기는 쉽지 않다
높은 것을 흘려 낮은 곳을 채우며
온몸이 부딪쳐서 조각난 상처
고여 있지 않고, 끊어지지 않는 정결 의식
귀하게 얻은 생명 그것만으로도 행복이라고
오늘도 목숨 걸고 사는 노을 앞에
나는 눈을 감고 수도꼭지를 틀었다
강물의 길

저 붉은 연정

산골 골 깊은 곳에서
소리 없는 아우성으로 토해 내는
저 붉은 연정
햇살마저 제 가슴 파고들어
무덕무덕 밀려서 찾아온 여인
세상의 온갖 삶이란 삶은 다 모아
이내 봉우리마다 태웠던 불길
가던 길은 그대 기다린 사랑이기에
봄날, 그 산에서
하늘의 볼도 붉게 물들었다
문득 돌아보면 거기 서 있을 사람
꽃자리마저 태웠던 그 사람
산이 꽃그늘 안고 다시 진달래
그 꽃

바닷가 끝 노을

하늘 한 자락 움켜쥐고
사는 길이 이리도 비탈이 진다
파도가 하얗게 부서지고
멀리 하나 가득한 수평선
자기를 비우고 얻는 편안함이
거기에 있다

사는 길이 막막하거든
바닷가 끝으로 가는 노을을 보아라
어둠에서 어둠 속으로 가는 나그네
새벽바람 이고 다시 태어나
스스로를 포기하는 자 얻는 마음이
거기에 있다

걸어온 길 뒤돌아보며
사는 일이 외롭거든
수평선 끝자락 걸쳐 있는 섬 하나
외롭게 견디는 아름다움을 보라

스스로 자신을 거느리는 자
거기에 있다

포장마차

불빛이 스친다
밤이 지나도록
술잔 속의 줄거리
친구는
닭똥집이 되고
꼼장어가 되고
멍게가 된다

그 질긴 인연의 시간
골 깊은 바람이 자라고 있는
도시의 골목길
그리운 사람끼리
포장마차에 몸을 맡긴 채
별빛 가슴을 모은다

세월이 가면 또 그 추억이
추억을 낳고
어둠의 땅에 내린

또 하나의 선물
바람의 속삭임 귓전에 흘러든다
나는 그곳에서 사람을 보았다

오늘도
불빛이 눈에 들어왔다

단풍잎

앞을 본다, 산은 앉아서 끄떡없다
나는 가슴이 뛰고 이마에 열이 있다
왜 이렇게 서성이고 있을까
한기가 들고 몸살이 나듯이
몸이 빨갛게 달아오른다
그렇게 또 뜨겁게
햇살에 몸을 뒤척이며
너를 그리워하고 있다
고백하다가, 까아만 씨앗으로
가슴에 담아 타고 있다
골짜기마다 그리움이 타는 냄새가 난다
서러운 뼈만 남고 싶은가
정녕 오늘 저녁은
너의 가슴 그림자로 가리라
너는 대체 무엇인가

들꽃으로

들꽃으로
내 영혼이 깨어났다
나는 늘 어디론가 떠나는 꿈을 꾼다
나만의 빛깔
산마루 헐벗은 바위에 앉아
나는 나를 바라보고 있다

솔바람 흐르는 사이로
사람 냄새가 난다
안길 수도 안을 수도 없어
가슴이 아린다
아프도록 사랑하고 싶다
꽃을 피우기 위한 시간보다
기다리는 날이 더 많다

밤비에도
가슴 뜨겁게 안으리라
찬연한 물빛 가르며
기다림을 품은 들꽃으로

간밤에

무심한 4월
시간은 저만치 가고
빛바랜 사진 한 장이
거센 진도 앞바다에서 통곡의
메아리로 바다를 깨운다

세월호 침몰사고
사고 해역은 비바람 치는 풍랑 예비특보
마음속을 소리 없이 왔다 간
너의 목소리 때문에
오늘은 무슨 소식 없나, 팽목항
눈물과 빗물에 젖은 마음

기다림의 기적은
네 발자국 소리 때문에 그리
새벽꿈으로 철썩거렸나
이제는 돌아와다오
바다가 너무도 차구나

너의 잔열이 남아서
놓을 수 없는 손
다시 필 꽃으로
다시 올 봄으로
사랑하며 살 수 있기를

간밤에
하염없이 눈물이 흘렀다

등대

아득하게 넓은
고통의 세계를 향해
바라보고 서 있다

거친 일상에서
한 발자국 빠져나오면
홀로된 기다림
사막 길을 맨발로 다니는
한 사내가 된다

밤새 승냥이 떼 몰려와
뜬눈으로 밝히는
오늘도 동행하는
또 하나의 나

섬

하늘 아래 떠 있는 작은 섬
사막의 한 그루 나무
한 척의 배

뜨거웠던 사랑과
슬픈 이별

혼자 있는 것은 다
섬

짝사랑

우연히 버스를 기다리다가

늦도록 머뭇거리는 향긋한 냄새를 맡는다

빛이 되어 번지는 간절한 눈빛

어느 환장할 꽃이 피고 또 지려 하는가

밀고 밀리며

스스로를 묶고 풀어내는

가슴 떨리는 집중

후회

무릎 관절이 눈을 뜨면
마디마디 사이로 찬바람이 분다
마음은 한자리에 머물러 바뀌지 않는데
몸은 봄에서 겨울로 가고 있다
세월의 계단을 오를 때마다
부딪힌 살갗은 멍이 들고
고운 피 흘러 상처를 부른다

지난 세월을 마음 한곳에 담아 놓고
살과 뼈와 핏줄로 이 찬찬한 내 인생을
연꽃으로 피웠다
나무들의 떨림이 물결로 일고
물속에 비친 내 얼굴 위로
이슬비 한 줄기 그림을 그린다
어느 날처럼 오늘도 해는 가고 있다
채울 수 없는 고독만
지난 영혼을 깨우고

빗살무늬토기

끊임없이
자기 삶을 들여다보고
밋밋한 인생 위에
빗금을 생각했던 사람

자기 그릇에 빗살무늬를 치며
울고 웃었던 가슴

행복에 행복을 더해서
삶의 빛을 꾸리고
손가락 끝에 피어나는 향기로
사랑의 길을 찾는다

이제껏 보지 못했던 또 하나의
빗살무늬토기
그것은 내 숨결

핸드폰

동반자가 내 손을 잡고 있다
없어서는 안 될
몸의 장기 중 하나

버릴 수 없어서 이별을 할 수가 없다
다양한 콘텐츠를 시각에 담고
찾아온 카카오톡 속에 빠져 있다
배꼽이 춤을 추고
세상은 내 손안에서 요동을 친다

스마트폰이란 장기 하나가
내 마음을 사로잡는다
새로운 아이폰 모습으로
나는 마음을 바꿨다
나만 그런 것인가
무더기로 모여 함께 흔드는 세상이다

공감이 넘친 뒤에 내뿜는
감동의 한숨과 조명의 그늘

한 재기 매생이

나는 겨울이 좋아서
겨울의 바다가 좋아서
푸르스름한 빛으로 삶을 키우었다

젊은 완도 바다에서
유난히 마음을 끌어당기는 힘과
청정의 향기를 간직해 왔다
나의 겉모습만 보다가
입안에서 낭패를 볼 때가 많다
그것은 삶에 의미를 다소곳이
바라보게 함인 것이다
지금의 세대는
힐링이라는 명제 아래
다이어트에 좋다고, 칼슘이 풍부하다고
무기질을 보충해 줄 수 있다고
자기를 채우는 데만 급급하다
감춰진 메아리를 보지는 않는다.
맑고 깊은 향의 초연함과

달짝지근한 바다의 향이 코끝에서 춤추고
헛된 욕망도 갖지 않는 그 생명은
관심 없는 자의 발길이다.

맛있는 바다에서
갯물을 짜낸 한 재기 매생이
그 생명의 탯줄은
어머니의 손끝에 있다

어느 겨울의 기도

내 깊은 생명의 바닥에서
일렁거린 마음이
오래된 화석들로 태어났다
한 걸음 한 걸음 깊어지는 물빛에
먼 곳과 가까운 길이 아련하게 보인다

내 영혼을 끌어안고 몸부림치는
거리에 새겨진 어느 겨울의 기도를
발길 재촉하여 돌아서 본다
맑은 눈빛으로 웃는 그 하늘이
아직도 푸르게 웃고 있다
따뜻함으로 눈빛을 세우고
믿음의 나무를 심었던 사람
화석들 속에서
생명의 아침을 바라본다

땅을 걷는 발이 무겁다
쓸쓸한 목소리가 걸어가고 있는 것이다

하찮아했던 것들까지
정지된 장면 속으로 가고
가슴에 묶인 매듭을 하나씩 풀어본다
깨어 있는 영혼이
길에 서서

가로수

생각이 하얗다
알몸으로 서 있는
감나무 하늘이 춥다
춤추는 가로수의 붉은 가슴이
흔들리는 하늘을 바라본다
퍼부은 백설은
세상을 환희로 낳고
덮인 것들은 모두
욕망을 넘어
위선 속에 갇혀 있다
콧대를 세운 가로수들만
침묵의 들판에 꿋꿋이 서 있다
식어 버린 땅 위에서
가장 아름다운 기상으로, 세상에
굴하지 않는 모습으로
너는
매화꽃으로 피어 있다

하늘 아래 첫물

소나무가 서 있다
지난밤 비바람에 어린 솔방울이 떨어졌다
슬픈 노래로
지저귀는 새들이 찾아왔다
시린 세상
수레바퀴가 넘어지는 소리
어둠의 터널들
이제 골 깊은 숲길을
다 벗은 채로 걸어서 가자
새로운 숨소리를 낳게 하는
심장의 박동을 느껴보자
쓰러진 풀잎들이
어린 솔방울 끌어안는다
한 손이 다른 한 손을 맞잡고
마음의 기도를 한다
하늘이 열리고
하늘 아래 첫물이 내렸다
소나무 향기를 맡으며
맑은 화음에 적신 들꽃이 핀다

눈물

숲을 쓰러뜨리고
내 마음을 심는다

이미 흐르면
흐르지 않네
울지 않으려면 울어야 해
일어나지 않으려면 일어나야 해

세상 모든 것은
마음 하나에 떨어지는 것

한없이
출렁이다 타고남을
미소 하나에

제3부

당신은 무슨 꽃이냐고 묻는 나는 무슨 꽃인가/43×45㎝

비 오는 소리

깊은 밤중에 그는 왔다
침묵 사이로

숨결도 느낄 수 없는 발길

한 번도 채우지 못한 애달픈 사연
돋아나 있는 가슴에
바람의 소리, 그 울림이 아릿하다

순금빛 달의 속니가
밤그늘에 반짝 눈을 뜬다

기다림

풀이라는 것을 매 본 사람은 안다
흙을 가장 사랑하는 것도
풀이라는 것을 알듯이
누군가를 품고 살아가는 가슴은
언제나 밀려오는 것에 이기지 못하고
안타깝게 그리워한다는 것을

질긴 비바람에 단청은 슬퍼하고
사천왕은 슬기롭지만 고독하다
우연히 길손을 만나면
담소 끝에 홀로 남아
긴 세월 버티는 그리움
향기조차 고독으로 감추고 있다

나는 하늘을 보았다
지리산 자락 내내 비가 내리고 있다
밤이면 밤마다 숲 속을 걸어서
찾아온 푸른 별

오늘 밤은
또 하나의
그리운 바다를 만든다

말

파랗다고 파란 것인가
노랗다고 노란 것인가
붉다고
붉은
것
인
가

다랑이 논

햇살이 그림자를 낳을 때
어머니의 손은
소망의 씨앗을 뿌렸다
하나둘 싹을 틔워서
가슴으로 굽이굽이
다랑논을 만든 것이다
향기조차 감추고 말없이
오고가는 풍경은 그곳에서
세월로 그려진 모습, 그것은
고독으로 이루어진 희망
그곳에 닿지 못할 수도 있지만
그곳을 향해 갈 수 있고
그곳의 아름다움을 볼 수 있는
꿈을 믿어서
그 꿈이 이끄는 곳으로 향해 간 것이다
오늘도 논배미에 살구꽃이 불타고 있다
그것은 어머니의 가슴이요
주름이요
나의 희망이다

작은 배

소리 없이 살다가
바람이 자던 날
섬을 두고 떠났다
희망은 늘
언덕 너머에서 기다리고
고통이 극복의 일터로
나를 몰아세웠다
기대고 싶은 둥지를 짓지 못하고
온갖 풍상에 휩쓸려서
초승달 눈썹 끝에 돌아왔다

고향을 담은 얼굴은 그늘이 없다
떠나가도
돌아와도
뒤뜰 감나무 가지에 추억이 손짓하고
쫓고 쫓긴 숨 가쁜 일들도
어머니의 가슴으로 스며든다

오늘도 수평선 너머를 떠나다
약속처럼 돌아온
작은 배

시간은 그렇게 가는 것

한 잔해요
아따, 딱 한 잔만 해 봐요
그는 망설였다
어서 마셔요 달보드름해요
그는 마셨다
이야기 속에 묻혀 쓰러졌다
이제는 그 어떤 물살이 온다고 해도
막을 수 없는 시간
슬퍼하고 아파 보이는 그가 있다
사막에서 길을 잃은 나그네다
그렇게 될 수 없는 일들이
이렇게 되고 마는 것이 삶이다

누구나 그렇듯이
인생의 단 한 번의 큰 실수가
오늘밤이었다고
나에게 말을 붙인다
사발이 유난히도 하얀빛이다

종소리가 들렸다

쓰러져 있는 그를 본다
추운 밤도 잃어 가고 있다
누구라도 그 벼랑을 피하진 못했을 일이다
아직 얼마나 오래 그리고 언제
그곳에서 몸을 빼낼지

시간은 그렇게 가는 것

벽화

세상 너머에 있는 그리움
어쩌면 오지 않는 추억 속에
날아오르지도 못한 영혼이다

한 폭의 벽화는 그렇게
어느 눈먼 이의 오랜 노래로 남아 있다
오늘도 빈자리, 어떤 모습이 다가설까
담쟁이가 불어넣은 혼은 늘 쓸쓸하다

어느 겨울의 기도처럼
어디서 올지도 모르는
미래, 그날의 빛

밤 한 줄

잠 못 이룬 글귀
창밖의 너른 들판에서
백지 위의
별빛 편지가 된다

수면 상태에서 구르던 안구
밤 한 줄을 쓴다
우리말 사전에도 없는 낱말들이
닳아서 깊은 밤이 된다

마음속으로 읽고 망설이는 문장
새벽이슬 페이지
동트는 들녘
사래 긴 글밭
허물을 벗는 세상

장독

넉넉하고 듬직한 모습
금줄 걸어 바라봄에
감히 가까이 할 수 없는 너는
가슴속 숨겨 둔 욕심도 없다

누군가 기다리던 그날은
새겨진 아픔이 돋보이지 않아도
터를 다져 집을 짓고
찻집 문간에 문지기로 서 있다

자신만의 세계에 문을 열고
종갓집 머슴으로 산다는 것은
넓혀진 마음이 숨 쉬는
그렇게 새롭고 따스한 자리

눈의 눈물

한쪽 눈을 감고 앞을 보았다
자욱하게 낀 안개만 보인다
피사체는 어디로 숨었을까

밤새 썼던 편지는
점점 멀어져 가고
한눈박이로 담는 편지가 되었다
눈을 잃어 가는 슬픔
깨어져 담을 수 없는 사실인가

삶이 하나의 놀이라면
이것 또한 놀이의 규칙인가
빈 정거장에서 자꾸
떠올려지는 사람
이 고독한 눈의 눈물이
나를 만진다

바람

바람이 너무 세차게 분다
마음속에서 버리지도 못한다
모두 자신에게 있을 뿐

산언덕과 골짜기에 안개, 꽃이 있다
바람새는 별밭으로 날아오르고
강물을 따라가며 피는
잔꽃풀도 흔들리고 있다
그 모두는 산 아래에 있고
그들은 별과 마음속에도 있다
나의 가슴 뿌리를 흔들며
붉게 물든 꽃무릇 토해 내고
가는 곳 어느 곳쯤에도
그들은 함께 있다

마음속에서 불어오는 바람은
나에게는 너무 아프다

* 잔꽃풀 : 쌍떡잎식물 초롱꽃목 국화과의 두해살이풀. 망초라고도 한다. 꽃은 7~9월에 피고 원줄기 끝에서 가지가 많이 갈라져서 전체적으로 원추 꽃차례를 이룬다.

타인의 집을 바라보는 시선

집을 짓다 보면
만나지 않던 사람을 만나고
들어보지 못한 말들을 듣는다
시간을 두고 천천히 준비를 해도
이 역시 넘어야 할 산이 많다
평당 얼마인가요.
친분이 없는 불특정다수가 문제다
행인이 집을 향해
집 모양이 좀 이상하네요
좀 안다는 전문가는
구조와 마감 상태 뜯어보며
왜 이렇게 지었어요
지으면서 느꼈던
기쁨과 안타까움
알려고 들지 않는다
상처투성이로 만든 것이다
타인의 집을 바라보는 시선
건축주들이 겪었을 희노애락

글러브

너를 손에 끼고
세상 살아가는 일을 방어한다

내 가슴을 통과하고
타자를 멍들기 위해 떠났던
칼바람의 아픔이

기억을 가둬 놓은
화살이 되어 날아서 온다

쳐낸 것과 받아야 할 운명
당신의 핏속으로 달려든 승냥이
피할 수 없는 형상刑象

눈을 부릅뜨고 흔들림 없이
당당하게 맞서라
덥석 받아먹어라

너의 입에는 달고 쓸 것이다

벌이 된 어머니

어머니는 팔과 다리를
보행보조기에 싣고 나왔다

굽어진 허리를 발에 의지하고
땅바닥 위에 아장아장 걷듯
엉거주춤 밀려서 간다
어머니는 아들 친구를 보더니
칠문아, 하고 불렀다
어머니는 아이처럼 천진하고
친절하며 예쁘게 보이기까지 했다

나는
어머니의 주름에 쌓인 얼굴 위에서
하염없이 서성이다가
아주 조금 서린 내 가슴을 안고
고개를 들어 하늘을 보았다
날아가는 벌
기운이 없고 윙윙 소리가 적은 저 벌

요새는 힘이 부친다
어머니는 기운이 떨어지고
공중부양능력이 부족하여
날갯짓도 느린 벌이다

꽃밭의 향기가 밀려온다
잠시
눈을 감는다

희망

낫 시퍼렇게 갈아
숲길을 깎는다
풀 속에 숨어 있는 독뱀이
튀어 오른다
등골이 오싹하다
한낮의 햇볕은 36도의 열을 토해 내고
땀이 흘러서 두 눈이 쓰렵다
세상을 온전히 품고
산다는 것이 이렇게 어려운 일인가
풀 향기가 사방을 에워싼다
강건한 감각이 일어나
시퍼렇게 날을 세운다
희망이 살아 있다
분명히 말하거니
그것은 그리움을 지우지 않는다
외로움일지라도
끝내 버리지 못한 중독의 우상
평행선을 걸어 다시

그 자리에 서성거린다 해도
저 오름 아무리 밟아도
숨 막히지 않는 길이 된다
이제 알겠다
붉은 가슴으로 다가오는 이유
몸 잘린 풀들이 더 향기롭다는 것
여전히 남아 울리는
저 완전한 생의 종소리

봉선화 심다

새끼손가락 끝에서
봉선화를 보았다
마음 자락에서 싹트는
모습

어느새 햇살 받아먹고
시간을 다 태워서
봉선화 꽃 저리 만발할까

마음은 온통 분홍색
흰 눈이 내리면 다시 그가 올까
살면서 풀어놓았던 말
눈썹을 하얗게 갉아먹어도
봉선화 심고 또 심으리라

낮달

햇살과 바람이 걸리는 그물을 벗어나

너도 자유롭게 떠돌고 싶은 것이냐

삶이 하나의 놀이라서 놀아보고 싶은 것이냐

구름 빛으로 마음 만져 보는

낮달

숯

돌아선 여인의 어깨가 흔들린다
다시 올 수 없는 날들
타고 또 타서 더 이상은
탈 수 없다

내 어머니의 속내
세상의 소란한 이야기도 작파하고
한순간도 쉬지 않고 기도로 살았다
손끝으로 키워 낸 주름은 쌓이고
이제는 타 버린 속 꺼내 놓고
그렇게 한번쯤 말해 주세요

눈물

숲을 쓰러뜨리고
내 마음을 심는다

이미 흐르면
흐르지 않네
울지 않으려면 울어야 해
일어나지 않으려면 일어나야 해

세상 모든 것은
마음 하나에 떨어지는 것

한없이
출렁이다 타고남을
미소 하나에

허기

작은 저수지에
몸을 던진다

찢겨진 마음속에
물을 붓는다

계절은
긴긴 장마철
달리던 버스가 멈춘다

멀어지는 강의
서쪽
한 사내가 서 있다

흐린 날

연못에 물 찬 제비
호수 위
겹겹의 줄무늬

툭 차 낸
물 한 방울
은빛 구슬

부리에 문
파문

내 살결에서 붉은빛을 보았다

백로白鷺가 오더니 춘분도 가 버린다
내 살결에서 붉은빛을 보았다

북극 얼음이 녹고 한반도가 아열대로 들어서도
버스를 기다리는 발밑에서 사람들의 고함 소리를
들을 수 있다 항온동물인 내 팔뚝에 아침저녁으로
소름이 돋는다 사과도 대추도 감도 볼이 붉어졌다
내음이 거리에 가득하다 그동안 너무 빨리 달려온 나는
마당의 식물과의 약속쯤은 하등 중요치 않았다
거름을 주고 약하고 물 주면 그만이라 여겼다 백로가 가 버린
뒤에는 나날이 이파리에 쏠리는 바람 소리가 달라졌다 그 소리는
외로움의 소리였다 마음이란 원래부터 혼자만 살도록 생기지
않았던 것을 알게 한 것이다 억울하거나 슬프거나 아픈 사람을

두고 혼자 즐거워하지 않는다는 것을, 가을볕과 바람 아래 앉으면
세상이 서로 성근 그물코로 연결되어 눈에 보인다는 것을

말라 가는 식물과 나는 겨울을 날 것이다 내 몸 안에서
그들은 새롭게 존재의 차원을 바꾸고 동물과 식물들은 서로
연결고리를 만든다 다시 가을은 반짝거리며 별과 바람을
가슴에 담고 흘러간다
이제는 신명이 난다고, 저 푸른 들에서 실뿌리 한 가닥이
막 습기에 젖는 순간이다

서쪽

아침이다
눈과 눈 사이 이목이 쏟아지고
어느 시간 빛에 반사된다면
볼 수 없다
마침내 가야 한다
얼굴에 홍조된 날들을 이고
꼭 가야 할 이유가 있는 것도 아니다
시간이 가고
익는 가슴이 되면 그곳에
머물러 서 있을 수가 없다
가라
가라
하루가 다 가도

매일 펴마시는 포장마차
밤새가 날아가고
꼼장어 구워 간장에 찍어 먹는다
모든 삶은 순진하고 여리다

누가 무어라 해도

끝내 버리지 못한 중독의 우상

번개를 품어 흰 꽃이 되었다

어떤 모습으로 기억이 될까

가을비가 찾아온다

떠날 수 없다

너와 나의 가슴속에 슬픔도 안고 가야 한다

가라

가라

노을

노을은 노을이다
제 몸을 태워야 무엇을 할 수 있다
산 넘어 붉은 수평으로
규칙적인 몸의 율동으로
해의 중심 끝에 감겨서
애달프다, 얼굴빛을 볼 수가 없다

붉은 밤들이 몰려온다

제4부

당신이 밟고 간 발자국들 사이의 숨소리/33×35㎝

그리움

비가 오고 개는 동안 내 마음은 살이 붙는다

메마른 등줄기에 살이 붙는다

두근두근 몸 전체를 뛰게 만들어
잊어도 살 수 있을까 싶다
그 자리에 살이 붙는다

껍질을 벗길수록 솟구치는 파도

시간을 믿지 못하고 잡을 수가 없어서
속살까지 흉이 많아진다

푸르던 날이 붉게 타던 날

오랫동안 숨겨 둔 가을 소리는
산골짜기 향기로 젖어온다
그동안 문 열고 닫을 때마다
혼자 깨어 빛을 보며 그리던 시간
그대 오는 길목
붉은 열망의 고개를 쳐들고
이 산 저 산을 흔들어 보자
목숨 걸고 오가는 허공에서
하루를 보내는 것은
그리움의 슬픈 존재가 아니다
비탈길 칡넝쿨은
햇살을 뒤적거리고
푸르던 날이 붉게 타던 날
나의 맹세는 가을 노을이 되었다

방울토마토

붉은 햇살이다
그렇게 수줍은 얼굴이다
어느 여름날에
방울방울 모여서
쌍둥이로 살아간다
서로 시샘을 낼 법도 하지만
그런 생각일랑 보이질 않는다
한 알의 작은 모습은
외로움의 덩어리가 아니다
붉은 가슴으로 다가오는 이유를
알 것만 같다
서로를 온전히 품고
희망이 살아 있다는 거
영혼을 귀중히 여겨
더욱 빛나고 있다는 것을
오늘도
하나, 둘 키워 가는
오랫동안 시들지 않는 삶

창가에 핀 가을

소리 없는 손이 나에게 편지를 준다
어디선가 왔을 소식이다
요새 느낄 수 없는 신기한 멋과 향기로

그리움의 사연까지 담아서 온 편지
창문 사이로 비춘 얼굴을 본다
창가에 핀 가을
여태껏 떠나고 싶은 여행이다

갈바람에 바스락 소리로 굴러가는
감잎 한 장이 보인다
수많은 갈래의 길이 있다

나 자신이 만든 길
마른 감잎 한 장보다 못한 문명
길을 잃고 헤매고 있다

마음의 기도

솟구치는 폭포를 바라보며
더러는 바람이 더러는 물소리가 전하는
마음의 기도

살고 죽는 것이
기쁨과 슬픔이
불행과 행복이
푸른 달빛 머금는 일이라고

보이는 것이 진실이다

길 건너던 개구리 한 마리
지나간 차에 치어 죽었다
개구리 영혼을 위로하며
아무 생각 없이 지나가는 차량을
생각해 보았다
한참 후에 그 길을 다시 갔을 때
개구리의 육신은 없고
껍질의 흔적만 남아 있었다
아깝게도 모든 것은
보이는 것이 진실이다

하얀 민들레

새로운 피로 수혈해서
내 마음도 하얗게 변했습니다

그렇게 서먹서먹했던
당신과의 만남도 이제는
소통이 되도록 하겠습니다

내가 먼저 말을 해서
관계의 문을 열겠습니다

살아가는 일들이 다 축복이라는 생각에
매일 웃음꽃을 피우겠습니다

바다에 그렇게 적어 둔 글

바다가 물을 벗고 서 있을 때를 보아라. 속살에서 반짝이고 있는 살아 숨 쉬는 율동의 세상을 보아라. 서로를 감싸고 서로를 바라보며 서로의 모습을 눈여겨보는 모습을 알아야 한다. 꽃물 드는 노을 모습만을 보지 마라. 갯벌 위에 평화롭게 쉬고 있는 어선도 보아라. 허세를 부리지 않고 서로 더불어 사는 아름다운 바다의 속살을 바르게 읽을 줄 아는 사람이 사람이다.

스킨을 바릅니다

마음의 얼굴을 키우려고
바라보는 눈길에 젊음을 보이려고
거울 앞에서
스킨을 바릅니다

바람 같은 시간 앞에서
꽃잎 한 장의 선명한 색상으로
수채화 같은
내 얼굴을 그립니다

마지막 책장을 덮기 위한 첫 글자를
가슴으로 읽고
삶의 향기 가득한 세상을 보며

이슬 한 방울 안고 피는 꽃

밤새 찬 서리 내려 처마 끝에
이슬로 매달려 있다
마당을 걷는 발끝에 부딪히는 그리움
가슴을 적신 깃발이 된다
나는 보았다
어제의 너와 달라져 있는 오늘에 너를
짧은 머리와 매서운 눈빛으로
길에서 시작된 함성은 깊은
골짜기를 굽이쳐 흘렀다
구릿빛 얼굴은 장엄한 이등병이다
국가를 수호하는 강인한 무기로
무뚝뚝하지만 듬직한 남자로
때로는 나를 닮은 사내다

나는 오늘도 기원한다
아들이 위험에 처하면 그 위험에서
벗어나길 바라지 않는다고
다만 두려움마저 사랑하게 해 달라고

고통과 두려움 앞에서는
고통을 이겨 낼 가슴과, 자유를 찾을
인내심을 달라고
겁쟁이가 되지 않고, 실패 앞에서
상처 받지 않는 사람
슬픔이라는 것은 주머니 속 깊이 넣어 두었다가
이따금 꺼내 보면
각진 모서리가 둥글어져 있음을 알 것이라고
고난과 슬픔 사이에도 꽃은 핀다는 것을

아들!
너에게는 비록 아버지의 마음이
색깔 없는 하늘색으로 보였을지 모르나
슬퍼서 부서지고, 아파서 깨지고
고통스러워서 다 곪아 터져도
마지막 작은 모래 한 알이 된다고 해도
세월과 함께 깊어 가는 내 그리움은 바다의
가장 오랜 섬으로 떠 있는 너는

나의 꿈이요 행복이라는 이름이다

나는 너의 친구로 남으리라
세상 모두가 너에게 등을 돌릴지라도
태양이 비칠 때나, 눈비가 내릴 때나
그리고 그 이후에도

가을 아침 찬 서리가 찾아왔다
한 그리움이 또 다른 그리움을 손짓한다
나는
너의 눈빛을 안고
너의 숨소리를 안고
분출되는 그리움을 안고
자꾸 출렁거린다

수평선

한 줄로 이루어진 선분
그 선분 위를 달려서 가지만
다가서면 없고, 없다
시퍼런 한 선 위에
단지 파도 소리만 날 뿐
물과 하늘이 만나는 약속의 장소다
물의 울타리인 수평선 위에
아연실색으로 앉은 조각배는
가장 단순한 저 한 줄 위에 놓여 있을 뿐
방향은 어디에서도 찾을 수가 없다
밤이면 달빛이 찾아와 하얀 손짓을 할 뿐
온통 둥근 세상은
밤사이 파도로 쌓였다 없어지는
사막의 감옥이 된다
그곳은 달릴 수 있는 끝점이 아닌 것이다
배는 바다의 가슴에 안기어 잠이 든다

웅크리고 앉은 바다에 뱃길을 빌려
배를 타고

보름달

오늘도
깊은 밤을 토해 내며
허둥대고 있다
어둠을 밝게 빛내지만
밝음 위에 드리워진
슬픔과 상처는
삶의 번뇌로
나뭇가지 끝에서도
흔들리고 있다

동쪽에서 서쪽으로 가는 길
멀기도 하다

소리 없이 소리하는 것은
무엇일까
그렇게 밤 새워 웃고 슬퍼하는 것은
내 가슴의 바람
여러 시간을 지나 그 길을 다시

가슴 흔들고 있다

담 넘어 들풀 따라서 시간은 밤을 재우고
서쪽으로 이별을 담은 시간
오늘도 그렇게 과거로 간다
매 순간 좀체 어두워지지 않는 그런 희망
눈물을 자르는 눈꺼풀이 된다

시간이라는 강물

눈의 아픔

노란 웃음 토해 내며
바람에 실려서
가는 편지를 보았다
어디에서 피어
언제 지는지 이야기를 담았다
보이나 보이지 않는 것을
보이지 않으나 보이는 것을
두고서

잠시 멈추는 입김에도
먼 하늘을 만지며
속을 태워서 갔다
흘러가는 구름과
그렇게 가만히 숨죽여 노래하지 않았다

단풍잎이 흔들려
햇빛을 그리고
하루 종일 눈동자로 사랑을 심었다

채색된 날개를 가슴 속에 두고
바라보는 또 다른 눈의 아픔

가을은 색으로 빚은 노래

가을에서 가을로 떠났지만
아직 그 자리에 너는 남아 있다
미래의 영혼을 바라보며, 그렇게
가을은 색으로 빚은 노래가 된다

이제 죽음 다음에는
영혼이 있는 세상에서
사는 것인지 알겠지
그토록 애태워 살던
육체의 세상을 이탈하는 순간에
정말로 인간사 힘든 것을 다 벗어나는지
그렇게 운명이라는 이름으로
있다가 없어지는 것인지

죽음 다음에 영혼이 있는
세상에서
내가 보내는 가을 편지를
당신이 받아 볼 수 있을까

사람들의 축복을 받으며
행복을 만드는 시월의 마지막 날
그토록 아름다운 날들

사랑의 눈짓으로 가슴을 열고

오늘 아내의 손을 보았다
거칠고 딱딱한 큰 손
그동안 살면서 가사라는 미명 아래
생각지 않는 일까지 도맡아 했으리라
나는 그 손에서 아내를 보았다
그동안 일에 묶여 살았던
손에 숨어 있는 세월이라는 것을
바라보거나, 따뜻한 말 한마디 주지 못한
그 흔적인지도 모른다
지나온 길 위의 사연이 푸른빛으로 왔다
잠시 먼 산을 보았다
알브레히트 뒤러의 기도의 손이 나를 본다
휘어진 손가락 마디로 부르튼 피부
나도 모르게 두 손을 모았다
그토록 아름다운 손
내가 아름다운 이유는
늘 당신이 내게 먼저 손을 내밀기 때문이었다
이제야 마음속에 난 길

울음을 멈추기 위한 미소를 짓는다
나는 오늘도 아내를 바라보며
사랑의 눈짓으로 가슴을 연다

* 알브레히트 뒤러(Albrecht Durer, 1471~1528) : 화가이자 판화가·미술 이론가, 독일 르네상스 회화의 완성자로 손꼽히는 인물.

사진을 찍는 순간 즉시 인화되는 세상

사진을 찍는 순간 즉시 인화되는 세상이다
사람들은 사진을 찍고 나서 바로 보고 싶은 것이다

단풍은 여러 가지 색으로 긴 시간을 살았다
서리와 눈 그리고 비와 바람을 맞으면서
고통의 시간을 보낸 것이다
그러기에 더욱 자신의 삶을 빛으로 색으로
애태우는지도 모른다
그 붉은 정열, 아름다운 자태
나에게 감탄과 환희를 준다
기다림이 주는 아름다움이
그 모습에 들어 있다는 것을

나는 디지털카메라와 스마트폰을 들지 않았다
단풍으로 그려진 오솔길을 걸었다
하늘을 흘러가는 구름이 되고
나무를 흔들고 가는 바람이 되었다
순간에서 순간으로 죽고

다시 태어났다

산다는 것은 잠시 기다려 보는 것

순정

바람이 불고 비가 오고
그 산속의 가지가 마르는 동안
누가 꽃 하나에 붙여 주지 않는 이름
내 마음에 살이 붙었다

흔적을 없애지 못하고
문 하나를 반쯤 열어 두었다
빗방울이 빗방울 위에서 다시 만날 때
간절한 그의 추억으로
또 하나의 살이 붙었다

항아리에 차오르는 달빛이
봉우리까지 담겨 들면
잊어도 살 수 있을까 싶은
그 솟구치는 자리에
살구꽃 붉은 신열로
온통 몸살을 앓았다

너와 나의 빈자리
흉터가 많다

팽이

세상은 돌고
나의 의지와 능력이 도달할 수 없다
내가 그 길을 가려 하지 않아도
마침내 거센 힘에 이끌려 간다

당신의 손에 쥔 성난 팽이채의 힘
어느 누가 막을 수 있겠는가
가진 자와 갖지 못한 자의 차별

마음의 문은 누리기 위해 있는 것이 아니라
헤아려 주기 위해 생긴 것
아무렇게나 팽이를 돌리려 하지 마라
아무렇지 않는 듯이

발자국

눈은 바람에 쉬지 않는다
그렇게 세상을
온통 백지로 만들고 있다
기억에 남아 있는 이름들도
하나둘 하얗게 눈이 되어 쌓인다

모든 나무들이 눈꽃을 피우고
나는 눈과 눈 사이를 조심히 걷는다
그 발자국을 보면
그때 그 기억의 모습을 찾을 수가 있다

참 고운 발자국도 있고
눈에 쌓여 보이지 않는 발자국도 있다
그러나 새의 화석을 품은 돌 하나
그 흔적은 남아 있다
누군가의 가슴에

나무에 그렇게 적어 둔 글2

아침부터 두 사람의 손길이 바쁘다. 나를 깎고 썰며, 죽임을 다하고 있다. 상처투성인 내 몸에 태양열까지 가만두지 않는다. 너무 더워서 내 몸이 터질 것 같다. 꿀꺽꿀꺽 소리와 함께 탁주 냄새가 난다. 목공은 엷은 미소를 머금은 채 새삼 눈가에 생기를 피고 있다. 한 목공이 이곳을 더 파야 한다고 하자 다른 목공은 그렇지 않다고 한다. 참 몹쓸 사람들이다. 나를 슬프게 하는 생각들은 이제 그만했으면 좋겠다. 두 사람 사이의 소통은 없는 것이다. 감성과 이성을 현명하게 운용하지 못하고 있는 것이다. 지금까지 말없이 아파 온 나도 있지 않는가, 목공들을 탓하랴 나를 탓할까. 마음이 마음을 낳았다.

입술

우리는 서로 기다렸던 속마음
은근살짝 입술을 댔다
같은 그리움이 있었기 때문이다
문자가 지워지고 말이 없다
꽃을 찢고 열매가 나왔다
죄 없는 입술은 살이 붙었다

서로의 눈빛을 따르는
어디론가 향하는 기차
그 많은 날을 다 잊어야 한다고
생각을 잠재운 시간
입술만 가슴 두근거림으로 살았다

그것은 생
빛도 구름도 환하다

썰물이 빠져나간 입술
우리는 갯등에 서서 앓았다

독특한 미적 효과를 드러내는 시의 동적 구도
– 정관웅 시 읽기

조수웅 문학박사, 전 전남문인협회장

시는 머리로 이해하는 지식과는 달라서 가슴으로 느끼고 감동하지 않으면, 아무런 의미가 없다. 따라서 촘촘히 읽고 체득해서 반드시 그 오묘한 맛을 찾아내야 한다. 하지만 시는 고도로 조직된 함축어로 이뤄진 만큼 그 복잡한 의미망을 뚫기가 쉽지 않다. 따라서 시 읽기에는 표준화된 무슨 비법이 있을 수 없다. 그렇지만 '시를 어떻게 읽을 것인가?'를 정관웅 시를 텍스트로 시어, 운율, 이미지로 나누어 살펴보고자 한다.

1. 시어

시의 재료는 언어다. 즉 감각적 재료로 빗는 미술이나 음악 등과 다른 이성적 재료다. 따라서 감각적으로는 매우 뒤쳐진다. 그런 약점을 어떻게 극복하여 정서적 심리적 의미를 지각할 수 있을까? 정관웅 시 「백련사 동백」을 보자.

붉게 오는 정열은
저런 것인가
목숨 걸어서 보내는
너
꽃 진 자리마다
토해 내던 슬픈 마음으로
입술을 받던 나

– 「백련사 동백」 전문

이 시에서 동백을 '동백나무의 열매' 라고 표현하면 동백에 대한 자동화된 상투적인 지각만 이루어진다. "붉게 오는 정열"이라고 했기에 낯설게 지각되는 대신 풍성한 정서적, 심리적 의미들을 얻게 되는 것이다.

이러한 지각이론은 일상생활에서도 그 예를 발견할 수 있다. 어떤 남자가 아름다운 여자에게 반해서 결혼을 하게 되었다. 그런데 그는 결혼 후 그녀의 모습을 너무 긴 시간 동안 보게 된 나머지 그 모습에 익숙해져서(자동화되어서) 그녀의 아름다움을 잊어버리게 되었다(이의 극치가 바로 의처증이다). 그가 그녀를 처음 만났을 때, 즉 그녀가 '낯설었을' 때는 그 모습이 아름다웠지만, 이제는 지각이 자동화되어서 아름다움을 상실하고만 것이다. 이때 그녀의 아름다움을 되찾기 위해서는 '낯설게 만들기'(탈자동화)가 필요한 것이다.

이 예를 나병철 교수 말을 인용하여 보다 확장시켜 보자. 인류 문화의 초기에 세계는 인간에게 시적인 것으로 가득 차 있었다. 그러나 문화 발달에 따라 세계는 인간에게 보다 친숙한 것이 된 대신, 그 본래의 시적인 성격은 차츰 잃게 되었다. 문화가 발달한다는 것은 '낯선' 세계를 문화적인 것으로 개념화하는 과정이며, 따라서 세계에 대한 시적 지각은 '자동화' 된 지각으로 바뀌어버린다. 이처럼 개념화되고 자동화된 산문의 시대에, 원래의 세계의 본질인 시적 상태를 회복하기 위해서는 낯설게 하기가 필요한 것이다.

그런 점에서 정관용 시 「백련사 동백」은 낯설게 하기

에 알맞은 시어를 구사하였다 할 것이다.

세상 너머에 있는 그리움
어쩌면 오지 않는 추억 속에
날아오르지도 못한 영혼이다

한 폭의 벽화는 그렇게
어느 눈먼 이의 오랜 노래로 남아 있다
오늘도 빈자리, 어떤 모습이 다가설까
담쟁이가 불어넣은 혼은 늘 쓸쓸하다

어느 겨울의 기도처럼
어디서 올지도 모르는
미래, 그날의 빛

–「벽화」 전문

이 시에서 보듯, 똑같은 "벽화"를 목격하고도 보통사람들은 실제적인 관심을 보이거나 사실만을 말하는 일상어를 구사하기 마련이지만, 정관웅 시인은 스스로의 느낌이나 태도, 해석을 나타내려 애썼다는 점에서 일상어를 시어화하는 감각이 뛰어나다고 말할 수 있다. 즉

시의 언어는 과학의 언어와는 대조적이라는 뜻이다. 과학의 언어는 말의 개념표시에 주로 의존함으로 직접적, 비개인적, 논리적, 이성적, 객관적인데 반해, 시의 언어는 함축에 크게 의존함으로 매우 간접적, 개인적, 비약적, 감성적이며, 주관적이다. 그러니까 이런 표현 중, 실제적인 관심을 나타내거나 사실을 보고하기 위한 말이 과학어 또는 보통 언어라면, 느낌이나 태도, 해석을 나타내는 말이 시적언어인데, 정시인은 이런 시적 언어를 구사할 수 있는 능력을 이미 갖추고 있음을 위 시에서 보여준다.

파랗다고 파란 것인가
노랗다고 노란 것인가
붉다고
붉은
것
인
가

–「말」 전문

이 시는 참 쉽다. 누구나 금방 가슴에 와 닿을 것만

같은 시다. 요즈음 난삽하고 장황한 시가 많은데 비해 아주 쉬운 시어로 쓴 극서정시다. 시가 어려운 것은 고도로 조직된 함축어로 되어 있기 때문이다. 이는 라디오 발달사에 비유할 만하다. 초기 라디오는 회로가 간단하다. 그러나 기능이 추가될수록 회로는 복잡해지기 마련이다. 마침내 TV로 가면 아니 칼러 TV로 가면 회로는 정말 복잡해진다. 시적 언어는 이 이치와 같지 않을까? 다른 예를 한 가지 더 들어보자. 수학공부를 많이 한 사람만이 미적분을 풀 수 있는 것과 같다고나 할까. 어쨌든 정시인의 '말'을 대하면 다른 시와는 달리 아주 쉽게 다가온다. 왜 그럴까? 시는 이상의 「오감도」처럼 특별한 훈련을 받은 독자(복잡도가 높은 독자, 배경지식이 많은 독자)들에게도 어려움을 주는 것이라는 밀교주의密敎主義(작품은 개인이 쓰는 것이며, 그 내적 공간을 표현한 것이기 때문에 아무리 난해해도 상관없다는 태도, 양약은 쓰다)와 김소월의 「진달래」처럼 대중을 상대로 한 것이기 때문에 쉽게 쓰여야 한다는 민중주의民衆主義가 있는데, 정시인의 「말」은 대중주의를 대표하는 시이기 때문이다.

시의 재료는 두말할 것 없이 언어다. 물론 미술의 재료는 선과 색채고, 음악의 재료는 리듬과 가락이며 무용의 재료는 몸짓이다. 이들은 각각의 재료를 사용해서 미를 창조한다는 점에서 똑같은 예술이지만, 감상법은 많이 다르다. 예컨대 그림이나 노래, 무용 등은 보는 순간에 또는 듣는 순간에 '아! 아름답다.' 라고 감탄하거나 아니면 '에이! 시시해.' 라고 무시하는 반응이 나오지만, 시는 한참을 들여다보고, 생각해 보고 때로는 외워 봐야 비로소 감동을 받든지 말든지 하게 된다. 그뿐 아니라 선, 색채, 리듬, 가락, 몸짓 따위는 그림을 그리거나 노래를 부를 때, 또는 무용할 때만 사용하지, 아무데나 그림을 그리고 다닌다든지 시도 때도 없이 노래를 부르며 춤을 추고 다닌다면 미친놈 취급을 받을 것이다. 그런데 시의 재료인 언어는 시를 쓸 때만 사용하는 게 아니라, 일상생활에 더 많이 쓰인다. 따라서 전문가가 아니라도 누구나 시를 쉽게 접할 수 있다고 생각하고 나름대로 시를 평하려 든다.

정관웅의 시 「말」을 일상어로 풀어보자. '파랗다고 말하면 파래지고 노랗다고 말하면 노래지고 빨갛다고…' 그러면 어떤 느낌이 들까? 말하자면 시를 모르는 사람들은, 시어와 일상어는 똑같은 언어이지만 전혀 다름을 이해하려 들지 않는다. 예컨대 자동차 부품 상회에 있는 엔진은 여러 쇳덩어리 중 하나에 불과하지만 그게 자동차 속에 들어가 다른 부품들과 유기적으로 연결되면 자동차를 움직이는 동력으로 변한다. 예를 하나 더 들면 비키니 수영복을 입은 늘씬한 아가씨가 요정이나 나이트클럽에 있으면 매우 선정적으로 보이지만, 수영장에 있으면 대수롭지 않게 보인다. 이렇듯 일상어가 한 편의 시 안에 들어가면 시가 갖고 있는 요소, 일테면 리듬이나 이미지, 어조 등과 유기적으로 얽혀져 시어로 형상화됨을 유의해야 할 것이다.

이런 점을 잘 유의해 「말」을 찬찬히 감상하면 시적 변용을 위한 요소들이 잘 얽혀진 유기체임을 이내 알아차릴 수 있다.

2. 운율(리듬)

시가 산문과 어떻게 다르냐고 초등생에게 물으면 뭐라 대답할까? 질문을 받은 초등생은 무엇을 기준으로 시인지, 시가 아닌지를 구분할 수 있을까? 얼핏, 짧은 글이 시라고 여기기 쉽다. 하지만 아무리 짧은 글이라도 '어머니 학교에 다녀오겠습니다.' 는 결코 시라고 하지 않는다. '산토끼 토끼야 어디를 가느냐' 는 같은 짧은 글이라도 시가 된다. 이는 시가 되고 안 되는 기준이 운율에 있고, 그 운율은 곧 규칙적인 반복성이라는 의미다.

『매혹의 인문학 사전』에 의하면 '박자는 반복하고 리듬은 갱신한다. 리듬은 생명적인 것이 나타난다. 테니스 선수의 움직임은 주기적인 규칙성은 없지만 리드미컬하다. 즉, 생명체의 리듬은 단순한 주기성으로 포착될 수 없다. 그것은 동시에 작용하는 연쇄적인 사건과 관련되어 있다'.

이럴 때
점심시간이 되어
직장 동료가 곰탕을 주문할 때
나도 주세요 라고 할 때

이럴 때
강진 장날이 되어 봄나물을 사는데
지나가는 행인 이름이 김명숙
하필 그럴 때

–「응! 맞다 맞아」 일부

이 시에서 보듯, 일상어의 질서를 깨트리는 게, 시가 되는 기본 조건이다. 심지어는 일상어가 갖는 의미를 몰라도 운율만 있으면 시가 성립된다고 보는 것이다. 이태리어를 전혀 모르는 사람이 이태리 노래를 듣고 감동하듯 말이다. 즉 시에서는 언어가 지시하는 의미 "이럴 때"보다 운율이 더 근원적이라는 말이다. 그래서 시어는 단순히 '점심시간에 동료들과 먹은 곰탕이나 강진 장날 만난 김명숙'이라는 경험적 현실 세계를 반영하는 일상어로 바꾸어 낼 수 없는 것이다. 그러니까 시어는 일상어와 똑같은 언어이면서도 운율을 통해 일상어로는 상상도 못하는 마술을 부리는 것이다. 다시 말해 운율을 통해 언어가 가진 미의 여러 모습을 보여줌으로써, 독특한 미적 효과를 드러내는 미묘함을 지닌 것이다.

3. 시의 이미지

떠나간 사람

마지막에 가서는 기어이

그리움이 깊다

돌담 올라선 여인

매미 소리에 가슴 설레고

담 밑 벗어 놓은 신발에

들리는 발자국 소리가 채워진다

밤이 오는 시간은

두 볼이 붉다

– 「능소화」 전문

보통 이미지라고 하면 오감五感을 통해 떠올려지는 것이지만, 보다 본격적인 시의 이미지는 주로 비유를 통해서 느낄 수 있도록 만들어진 것이다. 위의 시에서도 '그리움이 깊다'는 말에는 이미지를 포함하고 있지 않지만 '돌담에 올라선 여인'이나 '담 밑에 벗어 놓은 신발'은

머릿속에 그리움을 연상시켜 주는 이미지가 있는 것이다. 이와 같은 이미지心象, image에는 가장 기초적인 지각심상知覺心象, mental image과 보다 본격적인 이미지인 비유적 심상比喩的 心象, figurative image, 상징적 심상象徵的 心象, symbolic image이 있다.

이때 '상징'이란 뭘까? 직접 감각에 호소하는 감각적 형상, 개념으로서의 의미가 아니라 감각적인 이미지에 의한 표상을 일반적으로 '상징'이라고 부른다(종교 등의 도덕적·정신적 성질이 강한 영역을 나타내는 데 사용된다는 점에서 '기호'와 다르다). 형이상학적이고 초자연적이며 초현실적인, 어떤 경우에는 무의식적이기도 한 비감각적 대상이 감각할 수 있는 이미지를 동반하여 우리 앞에 나타날 때 그것이 상징인 것이다. 상징은 비밀의 의미를 나타낼 수 있는 하나의 표상이 되고 신비의 발로가 된다(『매혹의 인문학사전』).

이런 관점에서 보면 '두 볼이 붉다'는 비감각적 대상이 감각할 수 있는 이미지를 영락없이 동반한 것이다.

4. 정관웅 시 읽기

그렇다면 시를 어떻게 감상해야 할까? 정시인의 「별빛을 줍는 시간의 숲」을 예로 들어보자.

모진
바람이 가고
매화꽃
피는 소리

누가
한 알 한 알의 눈물로
제 속살을
도려낸 울음소리

밤하늘이
흩어진 저 푸른
별빛을 줍는
시간의 숲

– 「별빛을 줍는 시간의 숲」 전문

"모진/바람이 가고/매화꽃/피는 소리"에서 보듯, 시는 일상생활에서 보면 아무런 가치가 없다. 살아가는 데 도움을 주는 그 어떤 것도 생산해 내지 못하기 때문이다. 게다가 시 쓰기란 보통 어려운 일이 아니다. 생각해 보라. 돈도 안 되는 것이 만들기만 힘이 든다면 누가 그런 짓을 하겠는가? 이렇듯 시를 일상적 개념으로 대하면 아무런 가치도 느낌도 재미도 없는 아무짝에도 쓸모없는 것이 되고 만다. 시를 제대로 이해하고 감상하기 위해서는 정시인의 「별빛을 줍는 시간의 숲」처럼, 일상적 사고에서 한 걸음 물러서야 한다. 사람이 어디 밥만 먹고 살 수 있는가. 제 아무리 벼슬이 높고 재물이 많으며 유명한 사람일지라도 그 권력, 그 재물, 그 유명세로는 어쩌지 못하는 한구석이 있게 마련이다. 무어라고 딱 잘라 말하기는 어렵지만, 왠지 들뜨고 왠지 애달프며 뭔가를 채워야 할 것만 같은 가슴 한편, 그것은 계산도 안 되며 눈에 보이지도 않는다. 그것을 정시인은 "별빛을 줍는/시간의 숲"으로 쓴 것이다. 또 "누가/한 알 한 알의 눈물로/제 속살을/도려낸 울음소리"처럼, 시는 살아 있는 유기체이거나 동적 구조이므로 그 자체에서 풍기는 리듬이나 의미를 자연스럽게 받아들이면서 떠오르는 이미지를 눈앞에 그려 보고 자신의 감정이나 체험을 그것과 결합시켜서 느껴야지 시의 의미를 자꾸 머릿속으로 분석해 내려고 하면 안 된다. 마치 친구를 사귀거나, 넥타이 고르듯 해야 한다는 말이다. 그런데도 많은 사람들은 한 편의 시를 시어, 리듬, 이미지, 어조, 주제, 연 등으로 분해해서 암기하려고만 든다. 이는 분명한 답을 요구하는 입시에서, 높은 점수를 따기 위한 시 공부 방법이기는 하지만, 사랑을 공부해서 얻을 수 없듯이, 시는 배우고 가르치며 공부해서 되는 일이 아니다. 그냥 이해하고 감상하는 일이다. 물론 시는 고도로 조직화된 상징어 따위로 표현되었기 때문에 그 복합적 의미망을 뚫기는 결코 쉽지 않다. 하지만 자전거를 잘 타려면, 몇 번이고 넘어지면서도 연습을 거듭해야 하듯, 자신이 갖고 있는 모든 감각과 정서를 투여하여, 시와의 몸부림을 계속한다면 시적 감각은 이내 익혀지고야 말 것이다. 한 편의 시를 읽고도 아무런 감동을 느낄 수 없는 사람은 대체로 시의 의미를 산문으로 풀어 이해하려는 사람이다. 그러나 시의 의미는 완전한 일상어로 바꾸어 놓을 수는 없는 노릇이다.

"밤하늘이/흩어진 저 푸른/별빛을 줍는/시간의 숲"에 나타나 있듯이, 시는 특수하고도 높은 언어 전달 형식을 갖고 있기 때문에 '언어의 시적 조직을 통하지 않고는 인간의 복잡 미묘한 느낌과 태도와 생각을 사실에 보다 가깝게 전달할 수 없으며, 인생과 우주의 은밀한 진실을 그대로 파악하고 표현할 수 없' 다.

그럼에도 불구하고 정시인의 시어는 일상어를 깨트리는 시의 기본 조건을 갖추면서도 아주 쉽게 쓴다는 특징이 있다. 또 정시인이 시에 나타난 운율 역시 언어가 가진 미의 여러 모습을 보여줌으로써 독특한 미적 효과를 드러내는 미묘함을 유감없이 보여주고 있으며 이미지 또한 비감각적 대상이 감각할 수 있게 해 줬다 할 것이다.

글·그림 정관웅鄭琯雄

전남 완도에서 태어남. 전남대학교 대학원을 수료. 『시선』 시로 등단. 강진문학상 수상. 시집 『강물이 되고 싶다』, 『희망, 너는 어느 별이 되어 숨어 있을까』. 저서 『요가 산책』. 쉼요가명상센터, 힐링코칭상담연구소 운영.
대한민국미술전람회(국전), 서울미술제 등 입·특선. 개인전 4회(수채화전, 서양화전, 한국화전).

e-mail jkuart@naver.com

잔꽃풀도 흔들리고

초판1쇄 찍은 날 | 2014년 12월 5일
초판1쇄 펴낸 날 | 2014년 12월 15일

지은이 | 정관웅
펴낸이 | 송광룡
펴낸곳 | 문학들
등록 | 2005년 8월 24일 제2005 1-2호
주소 | 501-841 광주광역시 동구 천변우로 487(학동)2층
전화 | 062-651-6968
팩스 | 062-651-9690
전자우편 | munhakdle@hanmail.net

ISBN 978-89-92680-92-9 03810

· 이 책은 전남문화예술재단에서 출판비 일부를
지원 받았습니다.